AF460353

# EXAMEN CRITIQUE

## DU MANUEL

# DE LA LANGUE BASQUE.



Par Lor. Orhersigarria.

---

*Prix :* un fr.

---

A BAYONNE,

Chez L.-M. CLUZEAU, libraire, place de la cathédrale, n° 13.

A MAULÉON,

chez Roch DAGUERRE fils, libraire.

---

Décembre 1826.

Jaun Piquesarry

Berhoari

Ostatumaitzaco Bahia

Esqueincen dio

Lor. Othersigarriac.

# IRAKHURZAILEARI ABISUA.



Horace, dans une de ses satyres (*), passant en revue les différentes maladies qui affligent l'esprit humain, emploie une fort belle prosopopée ( *norbalitza* ), et s'écrie :

> Audire atque togam jubeo componere : quisquis
> Ambitione malâ, aut argenti pallet amore ;
> Quisquis luxuriâ, tristi-ve superstitione,
> Aut alio mentis morbo calet : huc propius me,
> Dum doceo insanire omnes, vos ordine adite.

Puis, commençant par l'avarice, il dit :

> Danda est ellebori multo pars maxima avaris ;
> Nescio an Anticyram ratio illis destinet omnem.

c'est-à-dire : « Il faut donner aux avares une bien plus forte dose d'ellébore ; je ne prétends pas toutefois qu'il soit raisonnable d'épuiser entièrement pour eux l'île d'Anticyre. »

On pourrait également traduire ainsi ces deux vers : « C'est aux avares qu'il faut donner une bien plus forte dose d'ellébore ; je ne sais trop même si la raison ne leur assignerait pas l'île d'Anticyre tout entière. » Mais je m'en tiens à la première version. En effet, si les avares avaient le privilège exclusif d'exploiter le précieux produit de cette île, quelle serait la ressource des autres malades? et notre satyrique aurait-il le droit de dire, en parlant de l'ambitieux, par exemple :

> Ambitiosus et audax ;
> Naviget Anticyram !

« Il a de l'ambition et de l'audace; qu'il s'embarque pour Anticyre.

(*) Liv. II. sat. 3.

Je sais fort bien que tout pourrait se concilier, à l'aide d'un passage de Strabon (*), où nous lisons qu'il y avait deux îles du même nom, et que toutes deux étaient très-fertiles en ellébore. L'une en produisait, dit-il, de meilleure qualité, et dans l'autre on le préparait mieux : καὶ δή φασιν ἐκεῖ τὸν ἐλλέβορον φύεσθαι τὸν ἀςεῖον· ἐνταῦθα δὲ σκευάζεσθαι βέλτιον. Ainsi, en assignant aux avares l'une des deux Anticyres tout entière, l'autre resterait encore disponible.

J'irai plus loin :

Il en est jusqu'à trois que je pourrais citer.

En effet, lorsqu'Horace, s'adressant à un méchant poëte, lui dit :

O tribus Anticyris caput insanabile !

un commentateur, qui paraît ignorer la figure appelée hyperbole ( *handizcada* ), reproche à notre auteur d'admettre trois Anticyres, et de se trouver par conséquent en contradiction avec Strabon, qui n'en compte que deux. Mais je craindrais que l'on ne m'appliquât le proverbe grec : ὦ'γαθέ, ἐλλεβοριᾷς, dont La Fontaine nous a donné une traduction si élégante (**) :

Ma commère, il vous faut purger
Avec quatre grains d'ellébore.

Je m'en tiens donc, comme je l'ai déclaré plus haut, à ma première version, qui n'exige pas de doubler l'île miraculeuse; et je traduis *ô tribus Anticyris caput insanabile !* par ces mots : « ô tête que ne pourraient guérir trois Anticyres ! » et non pas *les* trois Anticyres ; ce qui est bien différent.

J'ai cru ce petit Avertissement nécessaire, pour éclaircir certains endroits de l'*Examen critique* qui va nous occuper. Ceux qui le jugeront inutile, seront libres de ne pas le lire.

(*) Géogr. liv. IX.
(**) Liv. VI. fab. 10.

# BILLERSI ERIZMATEARRA.

François Rabelais, né à Chinon en Touraine, l'an 1483, docteur à la faculté de Montpellier, où il professa la médecine et la langue Grecque jusqu'en 1532, chanoine de St.-Maur-des-Fossés en 1536, curé de Meudon en 1545, et mort à Paris le 9 avril 1553, fit imprimer à Lyon en 1535, chez François Juste, la seconde édition de son Roman intitulé : *La vie inestimable du grand Gargantua, père de Pantagruel, jadis composée par l'abstracteur de quintessence, livre plein de pantagruélisme.* J'ai toujours lu avec plaisir le 8e chapitre du livre II de cet ouvrage piquant et original. Je vais donner l'analyse de ce chapitre.

*Comment Pantagruel trouva Panurge, lequel il ayma toute sa vie.*

Ung jour Pantagruel se pourmenant hors la ville, vers l'Abbaye St. Antoine, devisant et philosophant avecque ses gents et aulcuns escoliers, rencontra ung homme beau de stature et elegant en touts lineamens du corps ; mais pitoyablement navré en divers lieux, et tant mal en ordre qu'il sembloit estre eschappé ès chiens, ou mieulx ressembloit ung cueilleur de pommes du pays du Perche. De tant loing que le veit Pantagruel, il dit ès assistans : « Voyez-vous cet homme qui vient par le chemin du pont Charenton? Par ma foy il n'est paovre que par fortune : car je vous asseure que, à sa physionomie, Nature l'ha produict de riche et noble lignée : mais les adventures des gents curieux l'ont reduict en telle penurie et indigence. » Et ainsi qu'il feut au droict d'entre eulx, il lui demanda : Mon amy, je vous prie qu'ung peu veuillez icy arrester et me respondre à ce que vous demanderay ; et vous ne vous en repentirez poinct, car j'ay affection très-grande vous donner ayde en mon pouvoir, en la calamité où je vous voy : car vous me faictes grand pitié. Pourtant, mon amy, dictes-moi, qui estes-vous? d'où venez-vous? où allez-vous? que querez-vous? et quel est vostre nom ?

Le compaignon luy respondit en langue Germanicque : — *Junker, Gott gebe euch glück und heil zuvor,* u. s. w.

A quoy respondit Pantagruel : Mon amy, je n'entends poinct ce baragouin : pourtant, si voulez qu'on vous entende, parlez aultre languaige.

Adonc le compaignon luy respondit : *Albarildim gotfano dechmin*, etc.

Entendez-vous rien là ? dist Pantagruel ès assistans. A quoy dist Epistemon : Je croy que c'est languaige des Antipodes ; le diable n'y mordroit mie. Lors dist Pantagruel : Compere, je ne sçay si les murailles vous entendront ; mais de nous, nul n'y entend note.

Dont dist le compaignon : *Signor mio, voi vedete per esempio che la cornamusa non suona mai, se ella non ha il ventre pieno*, etc.

A quoy respondit Epistemon : Autant de l'ung comme de l'aultre.

Dont dit Panurge : *Lord, if you be so virtuous of intelligence, as you be naturally relieved to the body, you should have pity of me*, etc.

Encore moins, respondit Pantagruel.

Adoncques, dist Panurge : *Jaun handia, gauza gucietan behar da erremedio*, etc.

Estes-vous là ? respondit Eudemon, Genicoa ! A quoy dist Carpalim : Sainct Treignan vous descousse ! ou j'ay failly à entendre.

Lors respondit Panurge : *Prug frest frinst sorgdmand*, etc.

A quoy dist Epistemon : Parlez-vous christian, mon amy, ou languaige Patelinois ? Non, c'est languaige Lanternois.

Dont dist Panurge : *Heer, ik enspreeke anders geen tael dan kerstin tael*, etc.

A quoy respondit Pantagruel : Aultant de cestuy-là.

Dont dist Panurge : *Señor, de tanto hablar yo soy cansado ; porque súplico à vuestra reverencia, que mire à los preceptos evangélicos, para que ellos muevan vuestra reverencia à lo que es de conciencia*, etc.

A quoy respondit Pantagruel : Dea, mon amy ! je ne fais doubte aulcun que ne sçachiez bien parler divers languaiges ; mais dictes-nous ce que vouldrez en quelcque langue que puissions entendre.

Lors dist le compaignon : *Min herre, endog jeg med ingen tunge talede*, etc.

Je croy, dist Eusthenes, que les Goths parloient ainsi.

Adoncques dist le compaignon : *Adon*, *chalom lekha*, etc.

A quoy respondit Epistemon : A ceste heure, ay-je bien entendu : car c'est langue Hebraïcque, bien rhetoricquement prononcée.

Dont dist le compaignon : *Despota tinyn panagathe, diati sy mi ouk artodotis? horas gar limo analiscomenon eme athlion; ke en to metaxy, me ouk eleis oudamos*, etc.

Quoy? dist Carpalim, lacquais de Pantagruel, c'est Grec ! je l'ay entendu. Et comment? as-tu demeuré en Grèce ?

Doncques dist le compaignon : *Agonou dont oussis vous degagnez algarou*, etc.

J'entends, ce me semble, dist Pantagruel : car, ou c'est languaige de mon pays d'Utopie, ou bien luy ressemble quant au son.

Et comme il vouloit commencer quelcque propos, le compaignon dist : *Jam toties vos per sacra perque deos deasque omneis obtestatus sum, ut, si qua vos pietas permoveret, egestatem meam solaremini*, etc.

Dea, mon amy! dist Pantagruel, ne sçavez-vous parler François? — Si fais très-bien, Seigneur, respondit le compaignon : Dieu mercy c'est ma langue naturelle et maternelle; car je suis né et ay esté nourry jeune au jardin de France, c'est Touraine. Doncques, dist Pantagruel, racomptez-nous quel est vostre nom, et dont vous venez : car par ma foy je vous ay ja prins en amour si grand, que, si vous condescendez à mon vouloir, vous ne bougerez jamais de ma compaignie; et vous et moy ferons ung nouveau pair d'amitié, telle que feut entre Enée et Achates.

Seigneur, dist le compaignon, mon vray et propre nom de baptesme est Panurge, *etc.*

Je n'ai rapporté l'analyse de ce chapitre, où Rabelais fait parade de son érudition en 14 langues, qu'afin de faire remarquer que le passage Basque qui s'y trouve, est ce que l'on peut citer de plus ancien dans cette langue. Il est antérieur d'un demi-siècle à la traduction Basque du nouveau Testament, qui parut à la Rochelle, chez Hautain, en 1571, et qui est le premier livre imprimé en langue Basque. Je n'ignore pas que ce fragment, plus ou moins estropié dans les différentes éditions de Rabelais, a été récemment inséré dans le Mercure de France (juillet 1814); mais « il faudrait être bien peu difficile, pour en adopter l'interprétation avec quelque confiance. » Je vais donc le reproduire en entier, corrigé par les soins et l'aimable complaisance de M. D*** Labourtain, et de M. E*** Souletain.

« Jaun handia, gauza gucietan behar da erremedio ; behar da, bercela icer lan da. Ambatez othoyez nauzu, eguin ezazu gur, aya proposatia ordine den. Non izanen baita facheria gabe, ginaraci bada zadazu neure asia. Arren horen hondoan, galde zadazu nahi duzuna ; eztut hutcic eguinen zuri nic, erten derauzut eguia arimaz, Jaincoac placer badu. »

C'est-à-dire littéralement :

Mon grand Monsieur, à toute chose il faut un remède ; il en faut un, autrement besoin est de suer. Je vous prie donc de me faire connaître par signe, si ma proposition est dans l'ordre ; et si elle vous paraît sans inconvénient, donnez-moi ma subsistance. Puis après cela, demandez-moi tout ce que vous voudrez ; je ne vous ferai faute en rien ; je vous dis la vérité du fond du cœur, s'il plaît à Dieu.

Jusques au milieu du XVIIIe siècle, la langue Basque n'avait pas encore de grammaire. A cette époque le R. P. Larramendi en composa une en langue Espagnole, qu'il fit imprimer à Salamanque en 1729, sous le titre pompeux de *El imposible vencido.* En 1741, Harriet, notaire royal de Larressore, publia à Bayonne une grammaire Française à l'usage des Basques, comme il en avertit lui-même sur le titre en ces termes : *composatua Francez hitzcunza ikhasi nahi dutenen faboretan.* Ajoutons que ces deux volumes sont devenus d'une telle rareté, qu'il est presque impossible de se les procurer, soit en France, soit en Espagne.

Au commencement du XIXe siècle, deux écrivains Espagnols, don Astarloa et don Erro, ont réveillé l'attention du monde savant, en publiant, l'un une brillante apologie de la langue Basque, l'autre un alphabet de la langue primitive d'Espagne.

Voilà l'état où se trouvait la connaissance théorique de la langue Basque, lorsque l'auteur du *Probabiliorisme illuminé* se crut appelé à l'honneur de devenir l'*Astarloa* français. Il annonce avec emphase qu'il va s'occuper de rédiger une grammaire Basque, un traité de poésie Basque soumis aux règles de la poésie française, des préceptes de morale mis en vers

Basques et Français, un dictionnaire *bilingue*, etc. Ivre de ses succès futurs, il voit déjà des relations plus fréquentes et plus intimes s'établir, il voit des ports s'ouvrir au commerce, il voit des ponts, des routes, des canaux, *etc.*

*Quid dignum tanto feret hic promissor hiatu?*
*Parturient montes, nascetur ridiculus mus.* Hor.

Que produira l'auteur après tous ces grands cris?
La montagne en travail enfante une souris. Boil.

Dans une Dissertation préliminaire sur la langue Basque, M. Fl. Lécluse a fait connaître le mérite particulier des écrivains Espagnols et Français qui se sont occupés de la langue Basque. Il s'est plu à payer à chacun d'eux le tribut d'éloges qu'ils méritaient, et n'a oublié de citer ni le *El imposible vencido*, ni le calcul des 4 milliards 126 millions 564 mille 929 mots Basques, ni la *primordialité*, l'*antiquiorité*, la *perfectibiliorité*, l'*universabiliorité* et l'*inépuisabilité* de la langue Basque, ni les nobles étymologies de Paphos (*crapaud*), et de Versailles (*chaudronnier*). A la fin de cette dissertation, il promettait une grammaire analytique de la langue Basque, dégagée de ce fatras, de cette bouffissure qu'Horace appelle *ampullas et sesquipedalia verba*, et de plus un double vocabulaire. Il a tenu parole, et je ne crois pas qu'on puisse lui retorquer son *balizcaco iharac*, puisque (comme il nous l'apprend lui-même), à partir du jour où il s'est mis en quête de livres Basques, jusqu'au jour où a paru son Manuel de la Langue Basque, il ne s'est pas écoulé une année entière.

Mais il ne suffit pas d'avoir exécuté une telle entreprise; il faut encore que l'exécution reçoive la sanction du Public, et surtout celle des vrais savans et des connaisseurs. C'est un problème que nous allons essayer de résoudre.

En octobre 1825, M. Lécluse fait un voyage dans le pays Basque: il n'a qu'à se louer des honnêtetés et de l'accueil loyal que lui font les bons habitans de ce pays; mais ignorant complettement leur langue, il est parmi eux comme un corps étranger. Un an après, à la même époque, il leur fait une seconde visite. Il aborde en tremblant le libraire chargé de la vente de son Manuel; c'était là sa boussole. Quel fut son étonnement d'apprendre que le premier envoi était épuisé, et qu'un second était attendu. Voilà, si je ne me trompe, la meilleure sanction publique. De plus, partout où il se présente, il est accueilli avec des égards et des marques de bienveillance, qui durent être pour lui une récompense bien flatteuse de ses travaux. C'est surtout au Clergé qu'il ne sait comment exprimer sa vive reconnaissance.

Parmi les encouragemens qu'il a reçus de plusieurs Basques érudits, il se plaît à citer le témoignage d'un savant, aussi modeste qu'éclairé, qui lui a dit : « De tous ceux qui ont écrit sur la langue Basque, vous me paraissez être celui qui avez le plus approché de la vérité. »

Un second témoignage auquel il ajoute beaucoup d'importance, est celui d'un personnage instruit, qui, jusqu'à l'apparition du Manuel, s'était tenu dans les justes bornes d'un doute méthodique. « J'ai été surpris, Monsieur, de voir qu'en si peu de temps et avec si peu de secours, vous ayez pu, comme vous l'avez fait, saisir avec un rare bonheur le génie et le mécanisme de notre langue. Cette fois seulement mes préventions, que n'avait pu détruire votre réputation bien méritée de savant linguiste et de littérateur distingué, ont cédé à la force de la vérité. J'ai admiré l'extrême facilité avec laquelle vous vous êtes familiarisé avec les locutions Basques; et la clarté et la précision que vous avez mises à développer les principes d'une langue réputée diabolique, ne m'ont pas paru moins remarquables. Je suis le premier à reconnaître que vous avez rendu un véritable service à la nation Basque, et je ne doute nullement que votre Grammaire n'obtienne tout le succès qu'elle mérite. Toutefois je ne dois pas vous dissimuler que j'ai cru y apercevoir quelques fautes, en très-petit nombre à la vérité, et des omissions assez considérables, et cependant peu faciles à être relevées, parce que, suivant moi, elles constituent les plus grandes difficultés de notre idiôme. Je trouve, autant que j'ai pu en juger par une lecture rapide, qu'il en est quelques-unes que vous n'avez pas peut-être assez approfondies, et d'autres que vous avez éludées, ou sur lesquelles vous n'avez fait que glisser. Cela ne doit pas vous étonner, puisque je prétends que Larramendi lui-même a écarté la majeure partie de ces difficultés, quoiqu'il eût sur vous l'avantage de travailler sur sa langue maternelle. »

Voilà donc notre problème résolu; le Manuel a reçu la sanction publique, et l'approbation des vrais savans et des connaisseurs. Sans doute il renferme des imperfections et des omissions; *bainan Erroma etcen oren batez akhabatu ;* ces lacunes seront remplies, la vérité tout entière brillera à nos yeux d'ici à un an; nous en avons la garantie de celui même à qui M. Lécluse s'est fait un véritable plaisir de rendre un hommage éclatant, et pour lequel il est rempli d'estime, d'admiration et de reconnaissance.

Après des témoignages si flatteurs, j'ai dû adresser à M. Lécluse les paroles que Nestor adressait à Agamemnon :

> Τούσδε δ' ἔα φθινύθειν ἕνα καὶ δύο, τοί κεν Ἀχαιῶν
> Νόσφιν βουλεύωσ'.
>
> Un ou deux déserteurs de la cause commune
> Pourraient-ils se flatter de changer la fortune ?

Encore, ai-je ajouté, quel est cet *un* ? (car il ne s'en est pas montré deux.) « C'est un homme assez connu, vous a-t-on assuré, pour que les personnes sensées s'accordent à dire que jamais de sa tête il ne peut sortir rien qui soit digne d'une critique sérieuse ; et c'est peut-être le seul Basque sachant lire, capable d'avancer que le mot Père fait au nominatif *Ait.* » Laissez-le donc déblatérer à son aise, et dire que vous ne devez vos succès qu'à des panégyristes soudoyés (expression formelle). *Cer bidegabe eguin diezazuque guizon batec, bere solasez eta hitz gaistoez? Bere buruari calte guchiago eguiten dio zure baino.*

M. Lécluse répondit qu'il était d'autant plus surpris des procédés de ce personnage, qu'il lui avait écrit la lettre la plus polie en lui adressant un prospectus de son Manuel Basque, et l'avait prévenu qu'il recevrait avec docilité toutes les critiques fondées, qu'il plairait aux personnes instruites de lui faire connaître. » Il résolut néanmoins de tout concilier d'après les maximes suivantes : (*) « Zure anayac bekhatu eguin » badu zure contra, zoaci, eta erreprenizazu zure eta haren » artean bakharric : ezcutatcen bacitu, irabaci duzu zure » anaya. — Bainan ezcutatcen ez bacitu batere, har zaitzu » zurequin bat edo bi presuna, afin bi edo hirur lekhucoen » ahoetaric hitz guciac fermu izan diten. — Eta ez balin badu » ezcutatcen, *etc.* »

Mais tout fut inutile ; six témoins, respectables arbitres, échouèrent dans leur amicale négociation, et ne reçurent d'autre réponse que celle-ci : « Quoi ! Messieurs, des visites nocturnes ! (il était 6 heures du soir.) Vous êtes donc aussi des *zhiboux?* Je croyais qu'il n'y avait que moi d'*hibou* ! » Après ces excla-

---

(*) S. Matth. chap. XVIII. v. 15. 16. 17.

mations d'*hibou* et de *zhiboux*, l'ermite déclara qu'il ferait circuler une diatribe manuscrite, *afin de porter des coups plus dangereux*. On lui fit observer que ce moyen n'annonçait pas de sa part beaucoup de charité; qu'il devait avoir présent à la pensée : *barkha zagutzu gure zorrac, guc gure-ganat zordun direnei barkhatcen dioztegun bezala*.

On a pu lui dire aussi que, s'il faisait courir sa diatribe en manuscrit, c'était sans doute parce que *les raisins étaient trop verds*; qu'en effet ce n'était pas faute d'en avoir proposé l'impression, soit à Pau, soit à Toulouse même ! que, puisque l'on refusait partout d'imprimer cette diatribe, M. Lécluse avait la généreuse intention de la faire imprimer à ses propres frais, si les témoins, devant qui elle serait lue, y trouvaient plus de raisons que d'injures; mais que, dans le cas contraire, il ferait bien... arrêtons-nous, car *il ne faut pas réveiller le chat qui dort*. ( Prob. ill. *page* 21.)

Quelques jours après, à la suite de nouvelles réflexions, l'auteur de la diatribe manuscrite, qui ne la prisait pas moins que Dindenaut ne prisait ses moutons, annonça publiquement qu'il avait encore cent écus à perdre pour la faire imprimer. — Cent écus à perdre ! eh, mon ami !

Gardez ces cent écus, gardez-les avec soin,
Pour les employer au besoin.

ou bien, s'ils vous pèsent et vous embarrassent, donnez-les plutôt aux pauvres, qui vous combleront de bénédictions. — Mon parti est pris, Madame, et puisque mes *Aitarenarenaren*... ne sont pas goûtés en France, j'irai les faire imprimer et colporter..... à Anticyre. NAVIGET *ergo* ANTICYRAM. — *Embarca bedi Anticirarat*. ( Voyez l'avis au lecteur. )

Le voilà embarqué. En attendant son retour, suspendons un peu notre Examen critique. Je viens de citer Dindenaut et ses moutons; tout le monde connaît ce vers de La Fontaine, où il dit en parlant de deux compagnons qui voulaient vendre à un foureur leur voisin la peau d'un ours encore vivant :

Dindenaut prisait moins ses moutons qu'eux leur ours;

mais on lira peut-être avec plaisir le récit abrégé des Moutons de Dindenaut (*).

---

(*) Rabelais, liv. IV. chap. 6 et suiv.

*Les Moutons de Dindenaut.*

En une nauf ou navire étoit le taciturnien, songe-creux et malignement intentionné Panurge : en ce même navire étoit un marchand de moutons, nommé Dindenaut, homme gaillard, raillard, grand ribleur et dégoiseur de fanfreluches; lequel voyant Panurge, s'émancipa en gausseries sur son compte, et spécialement sur ses lunettes, qu'il portoit pendues à son bonnet..... Patience ! patience ! reprit Panurge, se réveillant de sa léthargie rêveuse. Patience vous duira, dit le marchand, comme à tant d'autres. Patience soit, interrompit Panurge ; mais changeons de propos. Vous avez-là force beaux moutons; m'en vendriez-vous bien un, par aventure? O le vaillant acheteur de moutons ! dit le marchand ; feriez volontiers plus convenablement.... Patience ! dit Panurge, et vendez-moi seulement un de vos moutons.

Tubleu ! dit le marchand, ce seroit fortune pour vous, qu'un de ces béliers ! Vendriez sa fine laine pour faire draps, sa lisse peau pour faire cuirs, sa chaire friande pour nourrir princes; et sa petite oye (pieds et tête) vous resteroit, et cornes encore sur le marché.

Patience ! dit Panurge, tout ce que dites de corneries a été corné aux oreilles tant et tant de fois. Laissons ces vieilleries ; sottises nouvelles sont plus de mise.

Ah ! qu'il dit bien ! reprit le marchand ; il mérite que mouton je lui vende ; il est bon homme : çà, parlons d'affaire.

Bon ! dit Panurge en joye ; vous venez au but, et n'aurai plus besoin de patience.

Çà, dit le marchand, écoutez-moi. — J'écoute. — Approchez l'oreille droite. — Qu'est-ce ? — Et la gauche. — Hé bien ! — Et l'autre encore. — N'en ai que ces deux. — Ouvrez-les donc toutes grandes. — A votre commandement. — Vous allez au pays des Lanternois ? — Oui. — Voir le monde ? — Certes. — Joyeusement ? — Voire. — Sans vous fâcher ? — N'en ai d'envie. — Vous avez nom Robin ? — Si vous voulez. — Voyez-vous ce mouton ? — Vous me l'allez vendre ? — Il a nom Robin, comme vous. Ha ! ha ! ha ! vous allez au pays des Lanternois, voir le monde, sans vous fâcher ; ne vous fâchez donc guères, si Robin mouton n'est pas pour vous. Bê, bê, bê ! et continua ainsi bê, bê, aux oreilles du pauvre Panurge, en se moquant de sa lourderie.

Oh ! patience ! patience ! reprit Panurge, baissant épaule

et tête en toute humilité : a bon besoin de patience, qui moutons veut avoir de Dindenaut. Mais je vois bien que vous me lanternifibolisez ainsi, pour ce que me croyez pauvre hère, voulant acheter sans payer, ou payer sans argent : et en ce, vous trompez à la mine ; car voici de quoi faire emplette. Disant cela, Panurge tire ample et longue bourse, que par cas fortuit, contre son naturel, avoit pleine de ducatons, de laquelle opulence le marchand fut ébahy, puis incontinent gausserie cessa, à l'aspect d'objet tant respectable comme est argent.

Par icelui alléché, le marchand demanda quatre, cinq, six fois plus que ne valloit le mouton ; à quoi Panurge fit comme riche enfant de Paris, le prit au mot, de peur que mouton ne lui échappât ; tirant de sa bourse le prix exhorbitant, sans autre mot dire que patience ! patience ! mit les deniers ès-mains du marchand, et choisit à même le troupeau un grand et beau maître mouton, qu'il emporta brandi sous son bras ; car, de force autant que de malin vouloir avoit. Cependant le mouton crioit, bêloit ; et en conséquence naturelle, oyant celui-ci bêler, bêloient ensemblement les autres moutons, comme disant en leur langage moutonnois : Où menez-vous notre compagnon ?

De même disoient, mais en langage plus articulé, les assistans à Panurge : Où diantre menez-vous ce mouton, et qu'en allez-vous faire ? A quoi répond Panurge : Le mouton n'est-il pas à moi ? j'ai bien payé, et chacun de son bien fait selon qu'il s'avise. Ce mouton s'appelle Robin comme moi ; Dindenaut l'a dit. Robin mouton sçait bien nager, je le vois à sa mine ; et ce disant, subitement jetta son mouton en pleine mer, criant : Nage Robin ! nage, mon mignon ! Or Robin mouton allant à l'eau, criant, bêlant, tous les autres moutons criant, bêlant en pareille intonnation, commencèrent soi jeter après, et sauter en mer à la file ; si que le débat entre eux étoit à qui suivroit le premier son compagnon dans l'eau. Car nature a fait de tous animaux mouton le plus sot, et à suivre mauvais exemple le plus enclin...., fors l'homme.

Le marchand tout ceci voïant, demeura stupéfait et tout effrayé, s'efforçant à retenir ses moutons de tout son pouvoir ; pendant quoi Panurge en son sang froid rancunier lui disoit : Patience ! Dindenaut, patience ! et ne vous bougez, ni tourmentez. Robin mouton reviendra à nage, et ses compagnons le resuivront ; venez, Robin ! venez, mon fils ! et ensuite crioit aux oreilles de Dindenaut, comme avoit par Dindenaut été crié aux siennes, en signe de mocquerie : Bê, bê, bê !

Finalement, Dindenaut voïant périr tous ses moutons, en prit un grand et fort par la toison, cuidant ainsi, lui retenant, retenir le reste. Mais ce mouton puissant, entraîna Dindenaut lui-même en l'eau ; et ce fut lors que Panurge redoubla de crier : Nage, Robin ! nage, Dindenaut ! bê, bê, bê ! tant que, par noyement des moutons et du marchand, fut cette aventure finie, dont Panurge ne rioit que sous barbe, parce que jamais on ne le vit rire en plein, que je sçache.

Mais revenons à nos moutons. Je disais donc que notre ermite ne prisait pas moins sa diatribe, que Dindenaut ne prisoit ses moutons, et qu'afin de la faire imprimer, il était résolu de s'embarquer.... pour Anticyre. Comme son retour pourrait être un peu long, et qu'il importe au Public de connaître les griefs et les torts qu'il prétend redresser dans le Manuel de la langue Basque de M. Lécluse, je vais me hâter de donner à mes lecteurs un avant-goût de la profonde érudition, de la saine logique, et surtout de l'urbanité qui distinguent cette rhapsodie, au bas de laquelle l'auteur aurait fort bien pu mettre pour conclusion ce beau vers ( *Prob. ill.* page 39 ) :

Ridicule une fois, vous le serez toujours.
*Behin irrigari dena, bethi irrigari izanen da.*

Mais afin de donner plus de clarté à cet *Examen critique*, nous allons suivre l'ordre des paragraphes établis par M. Lécluse, et pour éviter l'ennuyeuse répétition des *dit-il* et des *répond-il*, nous allons emprunter les formes du dialogue, et rapporter en style direct les objections et les réponses que se font mutuellement MM. Arozteguy et Urhersigarria, en présence des six témoins : Aristophane, Lucien, Plaute, Horace, Rabelais et La Fontaine.

Arozt., *ouvrant le Manuel Basque* : Grammaire Basque par M......

Urhers. Attendez : vous ne lisez pas les trois petits mots ΙΙΑΘΟΝ, ΙΔΟΝ, ΕΙΛΟΝ qui sont au-dessus du titre ; épigraphe modeste que M. Lécluse a cru devoir substituer à l'épigraphe pompeuse : *El imposible vencido.*

Arozt. *Græcum est, non legitur.* — « Hura Greco da, ezta irakhurcen. »

Urhers. Mais cependant vous parlez souvent du Grec dans

vos rhapsodies ; vous en parlez donc comme un aveugle parle des couleurs ?

Arozt. A peu près.

Urhers. N'en serait-il pas de même, lorsque vous parlez de l'Hébreu, ou du Celtique ?

Arozt. Sans doute.

Urhers. Et quand vous parlez du Latin, ou du Français ?

Arozt. Tout de même.

Urhers. Je ne m'étonne donc plus que vous ayez remplacé ce dernier hémistiche *hanc dedicat aram* par *hanc dedicavit aram*, ni de *l'inépuisabilité* de vos barbarismes Français.

Arozt. Toutes les langues que vous me citez ne sont que des jargons ; il n'existe qu'une seule langue, c'est la langue Basque ; c'est celle que parlait Adam ! Ah ! pour celle-là, je m'en pique. Savez-vous que je l'ai étudiée pendant 30 ans ?

Urhers. Mais cependant M. Lécluse, qui ne l'étudie encore que depuis un an, vous a appris entre autres choses que Père se disait *Aita* et non pas *Ait.* Avez-vous jamais, pendant vos 30 ans d'étude, entendu dire *ait bat* au lieu de *aita bat?*

Arozt. Si vous épiloguez ainsi, nous n'en finirons pas ; je continue : *Grammaire Basque par M. Lécluse*, *professeur*, etc. Je passe tous ces titres, car comment peut-on s'appeler professeur de langues qui n'ont jamais été que des jargons ? *par M. Lécluse*, *Parisien.* Oh ! pour le coup, il nous la donne belle ; *Parisien !* la supposition est gratuite.

Urhers. *Cui bono ?*

Arozt. Parlez-vous christian, mon ami, ou Lanternois ? comme disait tout-à-l'heure Epistémon à Panurge (*).

Urhers. Excusez-moi, Monsieur, j'avais oublié que le Latin ne vous était pas familier. Mais dites-moi, de grâce, quel intérêt pourrait avoir eu M. Lécluse à se dire Parisien, s'il ne l'était pas réellement ?

Arozt. C'est afin de se donner plus de relief ; c'est de la morgue, de la pédanterie.

Urhers. Mais n'avez-vous pas déclaré, vous aussi, que vous étiez originaire de la miraculeuse colline de *l'Œuf debout ?* Je dirai plus : dans l'énumération des notables qui honorent votre patrie, quand vous vous seriez oublié, pour citer quelques personnages dont vous n'avez pas dit un mot, et entr'au-

---

(*) Voyez ci-dessus, page 8

tres l'hôte généreux qui m'a ouvert les portes de sa maison, croyez-vous que vos compatriotes vous eussent blâmé? Mais qu'importe? quelle raison vous porte à soupçonner que ce soit de sa part une supposition gratuite?

AROZT. Je soutiens que la supposition est gratuite, parce que: *de Parisien devenir Languedocien, c'est d'évêque devenir meunier.* (Citation formelle.)

URHERS. Halte-là! il est inutile d'insulter une province entière. Horace, répondez pour moi, s'il vous plaît.

HOR. NAVIGET ANTICYRAM. — *Embarca bedi Anticirarat.*

AROZT. Mais pourriez-vous me prouver, puisque vous prenez tant d'intérêt à M. Lécluse, que ce n'est pas de sa part une supposition gratuite?

URHERS. Quand vous le désirerez, je vous prouverai par un acte authentique, que M. Lécluse n'est pas seulement *Parisiensis*, mais encore *Parisinus*. Il est malheureux que votre ignorance de la langue Latine vous empêche d'apercevoir cette nuance. Vous y verrez qu'il est né dans le cœur même de la Capitale, paroisse... rue... n.º... le jour... du mois... de l'an...

AROZT. Eh bien! j'adopte cette supposition: ne sait-on pas que: *dans le petit village de Paris, il y a de très-grands ânes?* (Citation formelle.)

URHERS. Oui, Monsieur, surtout quand vous vous y trouvez. Vous y êtes probablement allé quelquefois?

AROZT. Oui, pour faire imprimer certain ouvrage...

URHERS. Ah! je sais: l'Histoire des premiers Cotons de d'Europe. Ce chef-d'œuvre s'est bien vendu, sans doute?

AROZT. Personne n'en veut. J'en avais établi plusieurs dépôts; on me renvoie de toute part mes ballots. Je ne sais que faire de cette misérable rhapsodie.

URHERS. Faites-lui subir le sort de votre...

AROZT. Ah! ne réveillez pas le chat qui dort.

URHERS. Soit. Voilà le titre assez *purifié*. Passons à l'avant-propos. Que dites-vous de cette discussion approfondie, dans laquelle M. Lécluse démontre jusqu'à l'évidence que la langue Basque est du pur Carthaginois; que par conséquent c'est un dialecte du Phénicien, qui lui-même était un dialecte de l'Hébreu? N'est-ce pas donner à votre langue une origine assez noble, et une assez haute antiquité?

AROZT. Quelle ignorance profonde! Il ne sait donc pas que c'est au contraire le Phénicien qui est un dialecte du Basque, puisque j'ai déclaré, page 41 de mon histoire des Cotons, que les Phéniciens étaient une colonie Basque.

Plaute. Toutefois les 10 vers Puniques que proféra mon Pœnulus sur la scène Romaine, s'expliquent fort bien à l'aide du Basque, d'après les travaux de D. Iztueta de Saint-Sébastien, et du R. P. Bartholomé de Santander, sur lesquels s'appuie M. Lécluse.

Arozt. Quels noms me citez-vous là? n'ai-je pas affirmé, page 33 de mes susdits Cotons, qu'en fait de langue Basque, le grand Larramendi lui-même, ne s'y entendait pas trop bien?

Urhers. Qu'avez-vous à répondre, Lucien?

Lucien. *O 'gathe, elleborias.* ( Voyez l'avis au lecteur. )

Arozt. Je passe au §. I.er intitulé *Alphabet Basque.* « Don Astarloa ( dit M. Lécluse ) vante beaucoup la perfection de l'Alphabet Basque. Don Ziriza, Don Erro, et leur copiste... ( *leur copiste!* c'est un peu dur! cependant il n'a pas tout-à-fait tort ) trouvent dans cet alphabet une foule prodigieuse de mystères. Le fait est que cette langue n'a point d'alphabet; du moins qui lui soit propre. » Je veux bien passer le mot *copiste*, mais jamais je n'avouerai que l'alphabet Basque soit l'alphabet Latin.

Urhers. Répondez, s'il vous plaît, La Fontaine.

La Fontaine. Ma réponse sera celle que faisait le lièvre à la tortue :

Ma commère, il vous faut purger
Avec quatre grains d'ellébore.

Arozt. Dans le §. II, où il traite de la *Littérature Basque*, il cite des Noëls, des Cantiques, des Catéchismes, et ne parle ni de la Grammaire Basque, ni du Dictionnaire *bilingue*, ni de plusieurs chefs-d'œuvre que je *promets* depuis long-temps.

Urhers. On vous l'a déjà dit :

*Balizcaco iharac ez du irinic eguiten.*
Le moulin supposé ne fait pas de farine.

Qu'avez-vous à critiquer dans le §. III, intitulé *Nouveau Testament Basque.*

Arozt. Comme il est hérissé de Grec, je n'y ai pas compris grand'chose.

Urhers. C'est égal; critiquez toujours.

Arozt. Ce n'est pas là ce qui m'arrêterait ; mais je me réserve pour le §. IV, où, sous le titre d'*Arithmétique Basque*, M. Lécluse met en parallèle la numération Chinoise, Hébraïque, Grecque, Hongroise, Irlandaise, Celtique et Cantabrique.

Urhers. Eh bien ! votre langue n'est pas là en trop mauvaise société.

Arozt. Comparer la langue Basque avec des langues chimériques, avec des jargons ! mais ce n'est pas tout. J'ai découvert une faute très-grossière. Ah ! je le tiens, ce fameux Panurge aux 14 langues (*).

Rabelais. Patience ! patience ! Dindenaut (**) !

Urhers. Quelle est cette faute si grossière ? Vous me faites trembler pour lui !

Arozt. Il a dit, page 88 de sa Grammaire (et peut-être avait-il l'intention de donner, en ma faveur, un camarade à son *balizcaco iharac*) : *Erraitea eta eguitea bia dire.*

Urhers. Je n'ai pas vos yeux d'aigle. Ma vue ne perce pas encore jusqu'à la faute.

Arozt. Comment ? vous aussi ! et qui jamais a dit *bia ?*

Urhers. C'est ainsi que s'expriment Larramendi et Harriet.

Arozt. Je vous ai déjà déclaré ce que je pensais de Larramendi lui-même. Je vous dis maintenant que *bia* est un affreux barbarisme.

Urhers. Et comment dites-vous donc, vous ?

Arozt. Je dis comme l'on doit dire, *biga*, entendez-vous ? *biga*, et non pas *bia.*

Urhers. Je croyais que le G n'était ici qu'une aspiration gutturale, introduite par l'usage dans la conversation, pour éviter l'hiatus. Toutefois, si *bia* vous tourmente un peu trop fort, vous pouvez, en dépit de Larramendi et de Harriet, non-seulement prononcer, mais encore écrire *biga.* Mais il me vient une idée.

Arozt. Quelle est-elle ?

Urhers. Ne pourriez-vous pas dire que M. Lécluse, qui croit déjà savoir..., ne sait même pas encore compter en Basque jusqu'à *deux* ?

---

(*) Voyez ci-dessus, page 8.

(**) Voyez ci-dessus, page 15.

Arozt. C'est déjà fait. Je n'ai pas manqué de l'écrire, et vous devez l'avoir lu dans ma diatribe manuscrite.

Urhers. Ah ! c'est vrai ; je l'avais déjà oublié. Vous ajoutiez même, si je ne me trompe, que M. Lécluse ressemblait assez à cet homme dont parle Phèdre (*liv.* 1) dans sa fable intitulée *ex sutore medicus*,

Stupore vulgi qui factus erat nobilis.

Ce n'est pas faire beaucoup d'honneur à vos compatriotes, que de supposer que vous avez seul tout le bon sens, et qu'ils sont tous dans l'erreur ; mais dites-moi, vous entendez donc un peu le Latin ?

Arozt. J'avais lu cette fable dans une traduction.

Urhers. Puisque vous avez lu les fables de Phèdre, j'aurai bientôt occasion de vous en rappeler une autre ; mais poursuivez votre critique. Nous en étions au §. V. *Calendrier Basque.*

Arozt. Et que peut-il nous apprendre, après les travaux de Don Thomas de Sorreguieta, de Don Astarloa, et de Don Erro ?

Urhers. Il n'a pas prétendu vous apprendre *ce que vous ne saviez pas ;* il s'est contenté de donner une analyse exacte du travail de ces trois écrivains Espagnols. Mais que dites-vous du §. VI. *Dialectes Basques ?*

Arozt. M. Lécluse n'admet que trois dialectes.

Urhers. Oui, trois dialectes principaux ; et cela d'après Larramendi.

Arozt. Pauvres Souletains ! pauvres Mixains ! vous n'avez donc point de langue ! ( Citation formelle. ) Ah ! je reconnais bien là celui qui ne donne à la Cantabrie qu'une journée de marche en France, et une en Espagne.

Urhers. Mais en a-t-elle beaucoup davantage ? Ne va-t-on pas de Bayonne à Irun en 6 heures ?

Arozt. En ligne droite, c'est vrai. Mais si, partant d'un point central, vous voulez tourner en spirale ?

Urhers. Alors, c'est un cas différent : vous pouvez tourner tout à votre aise. Mais passons au §. VII. *Étymologies Basques.*

Arozt. Je vous ai déjà dit que je n'admettais que deux étymologies raisonnables : Paphos vient de *crapaud*, et Versailles, de *chaudron.*

Urhers. Que pensez-vous du §. VIII. *Désinences Basques ?*

Arozt. C'est trop savant pour moi. Je jargonne machinalement, et ne m'amuse pas à comprendre la force des expressions que j'emploie.

Urhers. Passons donc au §. IX. *Déclinaison Basque.*

Arozt. Ici, j'ai un très-grand grief à articuler.

Urhers. Quel est-il?

Arozt. On oppose à mon *Aitarenarenaren...* !

Urhers. Arrêtez, s'il vous plaît. D'abord cette pompeuse baliverne n'est pas de votre invention. Vous l'avez copiée dans Harriet, *pag.* 449, et vous n'avez pas pris garde que Harriet ne la rapporte que par curiosité, et comme entièrement inutile.

Arozt. Mais quelle langue pourrait se flatter...?

Plaute. Voici votre affaire. Dans ma comédie intitulée Persa ( acte IV. scène 6 ), on demande à un Parasite quel est son nom. —Mon nom, répondit-il, c'est :

Vaniloquidorus-Virginivendonides-
Nugipililoquides-Argentiexterebronides-
Tedigniloquides-Numorumexpalponides-
Quodsemelarripides-Nunquamposteripides.

Aristoph. Ton *Vaniloquidorus...* et son *aitarenarenaren...* ne sont rien en comparaison de mon *Lopado...* Écoutez-moi :

Lopadotemakhoselakhogalcocranioli psanodrimypotrimmato-
silphioparaomelitocatakekhymenokikhlepicossyphoperister-
alectryonoptekephalliokinclopeliolagôosiræovaphitraganopte-
rygôn. (77 *syllabes.*)

Arozt. Arrolze-mendi! quel épouvantable mot!

Arist. Quand vous accumuleriez dix mille fois *celui de celui de celui de celui de celui....*, vous n'en mourriez pas moins de faim sur votre miraculeuse colline. Au contraire mon seul *Lopado...* peut vous nourrir abondamment pendant toute une année.

Arozt. Qu'y a-t-il donc de renfermé dans ce précieux *Lopado..?* dont ma chère colline est encore tout ébranlée?

Arist. « Ample potage, saucisses parfaites, huîtres d'élite, lamproies exquises, cervelles farcies aux épices, tartines de miel au benjoin, grives, merles, pigeons ramiers, têtes de poules grillées, salmis d'étourneaux et de perdrix, au coulis de foie de lièvre.

Urhers. Le §. X. traite de la *Conjugaison Basque*, qui, selon M. Lécluse, marque les relations directes et indirectes des différentes personnes entr'elles, avec tant de richesse et de régularité, qu'elle peut à juste titre être considérée comme un chef-d'œuvre philosophique.

Arozt. Je sais qu'il a développé avec beaucoup de méthode les deux auxiliaires *Naïz* et *Dut*; mais quand il réduit tous nos verbes à quatre classes, savoir : 1° verbes passifs ou neutres sans complément; 2° verbes neutres avec complément indirect, singulier ou pluriel; 3° verbes actifs sans complément ou avec complément direct, singulier ou pluriel; 4° verbes actifs à double complément, direct et indirect, singulier ou pluriel; j'avoue que je n'y comprends rien.

Urhers. Vous préférez, probablement, votre baragouin : *Je vous mange à toi*, *mange le nous toi*, *mange me les tu*, *mange les tu à lui*, *mange les leur tu à eux*, etc. ?

Arozt. Si les autres n'y comprennent rien, je m'entends fort bien, et cela me suffit.

Horace. *Populus me sibilat, at mihi plaudo.*

Arozt. De plus, Larramendi avait établi 23 conjugaisons, et je suis surpris...

Urhers. Mais vous n'y avez rien compris, comme vous pouvez vous en convaincre à la page 48 du Manuel.

Arozt. Cela est vrai, mais au moins les 23 conjugaisons...

Urhers. Que sont ces vingt-trois conjugaisons auprès des 206 dont parle Astarloa ?

Arozt. Et que sont les 206 conjugaisons d'Astarloa, auprès des 430 que je veux imaginer ?

Horace. *O tribus Anticyris caput insanabile!*

Arozt. De plus après avoir cité *aupa*, *ttitti*, et quelques autres petits mots enfantins, j'en avais conclu avec ma logique ordinaire « que la langue Basque devait passer pour primitive, et que la langue Française, quelque belle qu'elle fût, n'était pas naturelle. » Et M. Lécluse est venu renverser mon burlesque raisonnement, en me demandant si, à mon âge, je me servirais encore des mots *papa*, *maman*, *nanan*, *dada*, *dodo*, *bobo*, etc.

Urhers. Quel reproche avez-vous à lui faire à ce sujet ?

Arozt. Je ne sais trop que dire ; il a raison.

Urhers. Et que pensez-vous du §. XI. *Particules Basques?*

Arozt. Je n'ai pas à m'en plaindre ; car je n'y suis pas mentionné. Il n'en est pas de même du XII et dernier : *Syntaxe Basque*. J'y vois une petite note au bas de la page 81, où l'on m'apprend que Père se dit *Aita* et non pas *Ait*, comme je l'avais toujours cru. Du reste, les règles y sont claires et précises, ce qui (soit dit entre nous) n'est pas ce qui me convient le plus; car j'aime le fatras et la bouffissure; et avec les 25 pages que renferme ce §., j'en aurais pu faire 5 à 600.

Urhers. Je le crois sans peine. — Mais voilà notre Examen critique achevé ; nous pouvons lever la séance.

Arozt. Pas encore, Messieurs ; et les vocabulaires ? et le recueil de pièces ?

Urhers. Vous savez que M. Lécluse attache peu d'importance à sa compilation de mots, et qu'il a déclaré ne pas répondre des fautes qui pourraient s'être glissées dans les pièces *signées* de leurs auteurs.

Arozt. Pourquoi a-t-il introduit dans son vocabulaire Basque-Français des termes qui ne sont pas usités dans le dialecte Labourtain ?

Urhers. Vous avez donc oublié votre exclamation favorite : *pauvres Souletains ! pauvres Mixains! on vous croit donc sans langue, sans dialecte !*

Arozt. Vous avez bonne mémoire ; pour moi , je n'y pensais déjà plus.

Urhers. Que dites-vous du vocabulaire Français-Basque ?

Arozt. Il me plaît davantage ; je suis même fâché de ne pas l'avoir consulté plus souvent.

Urhers. Vous auriez pu, par exemple, y apprendre que dans *hibou* la lettre *h* est aspirée, et que l'on ne devait pas dire : un *nhibou*, des *zhiboux*.

Arozt. Vous avez raison. C'est comme si, au lieu de dire *hunz erhoa*, on allait prononcer dans notre langue *unz erroa* : on pourrait croire que cela signifierait *vaisseau-racine*, tandis que *hunz erhoa* signifie l'*hibou* fou.

Urhers. Ne dites donc pas l'*hibou* fou, mais le hibou fou.

Arozt. J'y penserai. Mais pourquoi M. Lécluse a-t-il écrit *Lehonza ?* Il me semble que, selon mon système étymologique, il eût dû écrire *Launza*, puisque cette paroisse tire son nom de 4 vaisseaux ( *laur unci* ) qui jadis...

Urhers. Ah ! comment allez-vous exiger que M. Lécluse, qui ne connaît notre pays que depuis un an, puisse deviner tous vos *jadis* ? Avez-vous vu ces 4 vaisseaux ? *La buena viuda*, qui, malgré ses 88 ans, reçoit avec tant de gaîté ceux qui visitent sa paroisse, et leur offre si généreusement d'excellent *godaria*, a-t-elle vu elle-même ces 4 vaisseaux ? Croyez-moi, Lahonce n'est séparé de la Gascogne que par l'Adour ; fouillez dans les archives, et vous y trouverez qu'il y avait, près de l'abbaye de Lahonce, une fontaine consacrée à la Ste-Vierge, et que Lahonce est probablement *la fontaine*, *la fons*, *la hons.* Au surplus, vous avez vous-même écrit *Lehonza.* Ainsi *de ore tuo te judico*, ou si vous aimez mieux : *Zure ahotic yuyatcen zaitut.*

Arozt. Vous êtes un terrible homme! Avec vous, on ne peut jamais avoir raison. Il faut pourtant en finir; j'ai encore un gros péché sur le cœur, mais un seul; donnez-moi une explication franche, et je cesse de regarder votre client comme ma *béte noire*.

Urhers. Je reconnais cette expression *bête noire* ! Oui, elle se trouve consignée dans votre diatribe manuscrite. Mais, dites-moi, quel est ce gros péché ? Car enfin, à tout péché miséricorde.

Arozt. Cet apologue, intitulé l'*hibou fou...*

Urhers. Vous êtes incorrigible ! dites donc, le hibou fou.

Arozt. Comme vous voudrez ; mais enfin cet apologue n'est-il pas de M. Lécluse ?

Urhers. Y pensez-vous ? Après avoir étudié pendant trente années votre langue maternelle, vous ne savez pas encore écrire correctement le mot *Aita ;* au bout de trente autres années d'études de la langue Française, vous ne pouvez articuler le mot *hibou* ; et vous voudriez qu'après un an seulement d'études, dans une langue aussi diabolique que la nôtre, M. Lécluse eût pu composer un apologue aussi élégant et d'un style aussi pur ?

Arozt. Il a bien composé une Grammaire !

Urhers. Ignorez-vous la différence qu'il y a entre la théorie (*beharreta*) et la pratique (*ohitura*) ? Ne savez-vous pas que Théophraste....? Mais pour revenir à notre apologue, n'est-il pas signé en toutes lettres : *Arrastoitarra ?*

Arozt. C'est un nom en l'air, un être idéal.

Urhers. A quoi bon cette supposition ?

Arozt. C'est que je suis sûr que c'est moi qu'il a eu en vue. « Un hibou qui habite au pied de la colline de l'Œuf, non loin des bords de la Bidassoa ; qui va à Paris, enfourché sur un aigle, et en revient, remorqué par des grues ; qui va visiter l'Espagne...

Urhers. Eh bien ! quel rapport tout cela a-t-il avec vous ?

Arozt. Quel rapport ?

Urhers. Écoutez un peu : un savant de St. Sébastien vient

d'écrire à M. Lécluse, en parlant de son Manuel Basque: « He tenido la dicha de ver su apreciable obra : tambien he visto, y me hà gustado mucho, la fàbula de la *Lechuza* de cerca del *Bidasoa*, tanto por el mérito de la invencion, como por la pureza y hermosura del lenguage. » Voudriez-vous donc, quand tous les savans de la Cantabrie n'ont qu'une voix.... ?

Arozt. Allons; allons ! je ne veux pas être seul en opposition avec tous mes compatriotes ; faisons la paix !

Urhers. Très-volontiers.

Arozt. Pour vous prouver la franchise de ma réconciliation, je vais vous faire une petite confidence. Pendant mon séjour à Anticyre, j'ai entendu chanter dans les rues quelques vers assez bien tournés par un certain *Irazabal Cherri*...

Urhers. *Cherrichiquiratzaile* ; je connais ces vers :

« Helletaco Musde Pette, *etc.*

...*hacia... othe... eguia... eguiten... irria... baten... lucia* »

Arozt. Cest cela même. Eh bien ! je me suis amusé à les traduire : je désirerais savoir si j'approche de l'Original.

D octe Pierrot du Parnasse d'Hélette,
A dmirateur du *Crapaud*, du *Chaudron*;
G rand rimailleur, inspire à ta musette
U n nouvel air *y sin ton y sin son*.
E n profitant d'intervalles lucides,
R hapsode heureux, happe quelques succès :
R enonce vite à ces élans perfides,
E t crains surtout, frère ...! un nouvel accès.

Horace. Si mon ami Virgile était ici, il s'écrierait :

Qui Bavium non odit, amet tua carmina, Mævi.

La Fontaine. Si mon ami Boileau était ici, il s'écrierait :

Venez, Pradon et Bonnecorse,
Deux cervelles de même force !

Urhers. Messieurs ! parlons Basque, s'il vous plaît; ce serait une impolitesse, s'il y avait parmi nous quelque étranger ; mais ici nous savons tous parler Basque. Je dirai donc : *Acheria eta Otsoa dira ballera batecoac.* Maintenant, ami Aroztéguy, puisque nous voilà franchement réconciliés, permettez-moi de vous donner quelques petits avis charitables, et surtout, ne les prenez pas en mauvaise part.

Arozt. Ne craignez rien.

Urhers. Je vous ai promis de vous parler à mon tour de quelques vers de Phèdre ; je veux tenir parole. Il s'agit de ce misérable soupçon, relatif à l'apologue *Hunz erhoa.*

> Suspectione si quis errabit sua,
> Et rapiet ad se, quod erit commune omnium...

Arozt. Je sais, je sais :

> Stulte nudabit animi conscientiam.

Urhers. A merveille ! mais vous voilà devenu Latiniste !

Arozt. C'était ce misérable soupçon qui me tournait la tête. Ne croyez pas au surplus que je vous aie récité ce vers comme un perroquet. Il signifie en Français : Qui se sent m...., se mouche.

Urhers. Or ça, continuons notre propos. *Ne sutor ultra crepidam ;* entendez-vous ce Latin-là ?

Arozt. Fort bien. Il signifie que chacun ne doit se mêler que de son métier.

Plaute. Bravo !

Urhers. N'oubliez pas que jamais mon client n'a prétendu nuire à votre réputation ; il vous a toujours reconnu, et vous reconnaît encore, pour un bon citoyen, pour un homme honnête et vertueux. Vous savez bien que :

> L'on peut être honnête homme et faire un méchant livre.

Laissez-donc Astarloa éplucher ses 4, 126, 564, 929 racines Basques. Laissez Don Erro prouver que l'alphabet Basque est l'alphabet de la langue primitive d'Espagne ; ce sont des hommes d'un mérite bien supérieur au vôtre, soit dit sans vous offenser. Vous pouvez, sans scrupule, vous écrier :

> Nam neque adhuc Varo videor nec dicere Cinna
> Digna, sed argutos inter strepere anser olores.

Horace. Entendez-vous ces deux vers de mon intime ami ?

Arozt. Vous allez en juger par ma traduction :

> D'Erro, d'Astarloa, mes chants ne sont pas dignes ;
> Je suis comme l'oison chantant parmi les cygnes.

Horace. *Optime quidem.*

Urhers. Vous avez des talens *communicatifs*, mettez-les à profit.

Arozt. A tous ces avis charitables, voudriez-vous ajouter un petit service, dont je vous aurais la plus grande obligation?

Urhers. Disposez de moi.

Arozt. Je veux renoncer au titre d'écrivailleur ou d'écrivassier ; je ne sais lequel est le mieux dit.

Urhers. N'importe ; continuez.

Arozt. J'ai envie d'abdiquer la dictature des lettres Cantabriques, à laquelle j'aspirais, et d'élever un pensionnat.

Urhers. On dira de vous : *Denys à Corinthe.* — Mais vous aurez à payer les droits universitaires.

Arozt. Je les paierai, la somme ne sera pas forte.

Urhers. Avez-vous déjà un certain nombre d'élèves?

Arozt. J'en ai déjà un.

Urhers. Déjà un! *bat?* Alors M. Lécluse qui, suivant vous, ne sait pas compter en Basque jusqu'à *deux*, pourra bien compter le nombre de vos élèves.

Arozt. Vous êtes un méchant. — Oui j'en ai déjà un, et qui apprend fort bien. Je l'ai ramené avec moi, d'Espagne.

Urhers. Effectivement j'avais entendu dire que vous étiez allé en Espagne avec cette intention. (*Voyez le Manuel*, pag. 121.) Mais votre voyage n'avait-il pas encore un autre but?

Arozt. Oui, j'ai voulu voir si les libraires Espagnols s'accommoderaient mieux de mes fadaises, que les libraires Français. Mais ils n'ont pas plus voulu mordre à l'hameçon.

Rabelais. C'est bien là ce que disait tantôt mon Panurge: *le diable n'y mordrait mie.*

Urhers. Maître Rabelais, je vous croyais endormi.

Rabelais. Patience! patience! je me réserve pour le bouquet. terminez votre affaire.

Urhers. Très-bien pensé. Eh bien donc, ami Aroztéguy, quel est le petit service que je pourrais vous rendre?

Arozt. Ce serait de publier à la suite de votre Examen critique, qui ne manquera sans doute pas de lecteurs, le prospectus que j'ai déjà distribué, mais d'une manière économique, sur une petite carte.

Urhers. En avez-vous une sur vous?

Arozt., *fouillant dans sa poche*; En voilà justement une... c'est peut-être ma dernière.

Urhers. Fi donc! on dirait une carte de marchand d'orviétan. Je vous imprimerai sur beau papier, format in-8°. Entendez-vous?

Arozt. Très-bien, Et puis, vous ferez un peu mousser mes petits talens?

Urhers. Soyez tranquille. Je vous servirai en ami. Pour le moment il me suffit de donner à nos six témoins lecture de votre carte. Ces Messieurs vont nous quitter et se retirer chacun chez eux ; ils pourront annoncer d'avance votre brillant établissement. — Lisons donc : M. Aroztéguy « a l'honneur de prévenir les intéressés qu'il va rouvrir sa pension ( fermée depuis 25 ans ), à commencer du premier novembre de l'année courante, chez lui, *au pied de la colline de l'Œuf.*

« Le nombre des élèves y étant fixé, ceux qui voudraient profiter de ses talens *communicatifs*, feraient bien de s'inscrire au plutôt, » car il en a déjà *un*.

« La première table, celle des maîtres..... Mais quels sont ces maîtres?

Arozt. Je vous expliquerai cela plus tard ; je suis pour le moment seul comme un ermite ; mais faites venir de l'eau à mon moulin, et vous verrez.

Urhers. Je continue. — « La première table, celle des maîtres, coûtera 600 fr. — la seconde, 400 fr. »

Voilà qui est entendu et conclu. Mais, mon ami, votre tête est toujours en activité : vous venez de renoncer à votre métier d'écrivailleur ou d'écrivassier ; c'est fort sage. Cependant, en attendant que le nombre de vos élèves soit au moins *doublé*, votre pensionnat n'a pas de quoi vous occuper. Et puis, quand tout le monde se mêle d'écrire, même sur le Basque, qui jusqu'ici avait été respecté, une imagination aussi ardente que la vôtre pourra-t-elle... ?

Rabelais. J'en fais mon affaire, Messieurs. Vous avez déjà écouté avec quelque plaisir mon Panurge polyglotte, et mon Dindenaut bê, bê ; daignez me prêter encore un moment d'attention, et je vais vous présenter le bouquet.

Quand Philippe, roi de Macédoine, entreprint assiéger et ruiner Corinthe, les Corinthiens ne furent négligens pour résister à son hostile venue, et leur ville défendre.

Les ungs remparoient murailles, dressoient bastillons, esquarroient ravelins, cavoient fossez, escuroient contremines, gambionnoient deffenses, ordonnoient plates-formes, vuidoient chasmates, ressapoient contrescapes, etc.

Les aultres polissoient corselets, chanfrains, salades, armets, morions, gorgerins, plastrons, pavois, esperons, *etc.*

D'aultres esguisoient picques, hallebardes, hanicroches, espieux, fourches fières, espées, estocs, pistolets, virolets, *etc.*

Diogènes les voyant en telle fureur mesnage remuer, et n'estant par les magistrats employé à chose aucune faire, contempla par quelques jours leur contenance sans mot dire : puis comme excité d'esprit martial, ceignit son palle en escharpe, recoursa ses manches jusques ès coubtes, se troussa en cueilleur de pommes, bailla à ung sien compaignon vieulx sa bezasse, ses livres et epistolographes, feit hors la ville, tirant vers le Cranie (qui est une colline et promontoire lez Corinthe), une belle esplanade; y roulla le tonneau fictil, qui pour maison lui estoit contre les injures du ciel; et en grande vehemence d'esprit, desployant ses bras : — le tournoit, viroit, brouilloit, hersoit, versoit, renversoit, bastoit, boutoit, tabustoit, cullebutoit, trepoit, trempoit, tapoit, timpoit, estoupoit, destoupoit, detraquoit, triquotoit, tripotoit, chapotoit, crousloit, eslançoit, bransloit, esbranloit, levoit, lavoit, clavoit, entravoit, braquoit, briquoit, bloquoit, tracassoit, ramassoit, cabossoit, affichoit, affustoit, charmoit, armoit, guizarmoit, enharnachoit, empenachoit, caparassonnoit : le devalloit de mont à val, et précipitoit par le gravier : puis de val en mont le rapportoit, comme Sisyphe faict sa pierre : tant que peu faillit qu'il ne le desfonçast.

Ce voyant quelqu'un de ses amis, lui demanda quelle cause le mouvoit à son corps, son esprit, son tonneau ainsi tormenter? Auquel respondit le philosophe, qu'à aultre office n'estant pour la respublicque employé, il, en ceste façon, son tonneau tempestoit, pour, entre ce peuple tant fervent et occupé, n'estre vû seul cessateur et ocieux.

A l'exemple de ce philosophe, M. Aroztéguy, qui renonce au rôle de repetasseur de vieilles ferrailles étymologiques, peut emboucher la trompette *Aïtarenarenaren...* et saisissant son *Arrolce* : — le tourner, virer, brouiller, herser, verser, renverser, baster, bouter, tabuster, cullebuter, *etc.*

Ridiculum acri
Fortius et melius magnas plerumque secat res. Hor.

*Valete et plaudite.*

www.ingramcontent.com/pod-product-compliance
Ingram Content Group UK Ltd.
Pitfield, Milton Keynes, MK11 3LW, UK
UKHW020225180726
13838UKWH00005B/2192

9 782329 567709